**VENTE DU SAMEDI 19 NOVEMBRE 1887,**

HOTEL DROUOT, SALLE N° 1.

# TABLEAUX

## MODERNES

EXPOSITION PUBLIQUE

LE VENDREDI 18 NOVEMBRE 1887

DE UNE HEURE A CINQ HEURES

| COMMISSAIRE-PRISEUR | EXPERT |
|---|---|
| **M<sup>e</sup> PAUL CHEVALLIER** | **M. E. FÉRAL, peintre** |
| 10, rue Grange-Batelière, 10. | 54, Faubourg-Montmartre, 54. |

IMPRIMERIE D. DUMOULIN ET Cⁱᵉ

Rue des Grands-Augustins, 5, Paris

# CATALOGUE

DE

# TABLEAUX MODERNES

PAR

BANFI, BERGERET, BOUDIN, BOURGES, CASTIGLIONE,
CHAIGNEAU, CHAVET, DAMOYE,
DEJONGHE, JEANNIN, MURATON, PALMAROLY, PLASSAN,
ROYBET, TOURNÈS, VERNIER, YON, ZIEM, ETC.

## ŒUVRES REMARQUABLES

DE

## COROT, COURBET, PH. ROUSSEAU

DONT LA VENTE AURA LIEU

## HOTEL DROUOT, SALLE N° 1,

### Le Samedi 19 Novembre 1887

à deux heures et demie

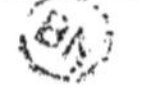

---

| COMMISSAIRE-PRISEUR | EXPERT |
| --- | --- |
| **Mᵉ PAUL CHEVALLIER** | **M. E. FÉRAL**, peintre |
| 10, rue Grange-Batelière. | 54, Faubourg-Montmartre. |

*Chez lesquels se trouve le présent Catalogue.*

---

EXPOSITION PUBLIQUE : le Vendredi 18 Novembre 1887,

De une heure à cinq heures.

# CONDITIONS DE LA VENTE

---

La vente sera faite au comptant.

Les acquéreurs payeront cinq pour cent en sus des en-
chères.

---

# DÉSIGNATION

---

## TABLEAUX MODERNES

### ABBÉMA (Louise)

1 — *La Promenade sur la plage.*

Signé à gauche et daté 1874.

Toile. Haut., 23 cent.; larg., 31 cent.

### BANFI (G.)

2 — *Les Danseurs italiens.*

Ils sont réunis devant une auberge, auprès d'une table où ils ont pris leur repas ; un jeune paysan tient une jeune fille par la main et danse au son d'une cornemuse.

Signé à droite.

Toile. Haut., 77 cent.; larg., 1 m. 10 cent.

### BERCHÈRE

3 — *Vue de Port-Saïd.*

Signé à droite.

Bois. Haut., 20 cent.; larg., 33 cent.

## BERGERET

4 — *Prunes violettes et cerises dans un panier.*

Signé à droite.

Toile. Haut., 35 cent.; larg., 54 cent.


## BERNIER

5 — *Bouquet de pivoines dans un vase du Japon.*

Signé à gauche.

Toile. Haut., 1 m. 12 cent.; larg., 73 cent.


## BOUDIN (E.)

6 — *Marée basse, à Portrieu (Côtes-du-Nord).*

Signé à gauche et daté 73.

Toile. Haut., 36 cent.; larg., 57 cent.


## BOUDIN (E.)

7 — *Vue de Trouville.*

Signé à gauche et daté 73.

Bois. Haut., 31 cent.; larg., 55 cent.

## BOUDIN (E.)

8 — *La Plage de Trouville (Marée basse.)*.

Signé à droite et daté 1864.

Toile, Haut., 45 cent.; larg., 73 cent.

## BOURGES (LÉONIDE)

9 — *Pendant la moisson.*

Signé à gauche.

Toile. Haut., 85 cent.; larg., 1 m. 35 cent.

## BRILLOUIN (G.)

10 — *Le Trouvère.*

Signé à droite.

Bois. Haut., 24 cent.; larg., 17 cent.

## CASTIGLIONE (G.)

11 — *Jeune fille valaque.*

Signé à droite.

Toile. Haut., 34 cent.; larg., 36 cent.

## CHAIGNEAU (F.)

**12 — *Moutons son bois (forêt de Fontainebleau.)***

Signé à gauche.

Toile. Haut., 23 cent.; larg., 32 cent.

## CHAIGNEAU (F.)

**13 — *Brebis et son agneau.***

Signé à gauche.

Bois. Haut., 15 cent., larg., 22 cent.

## CHAVET (Victor)

**14 — *La Partie de campagne.***

Signé à droite.

Toile. Haut., 23 cent.; larg., 32 cent.

## CLAUDE (Eugène)

**15 — *Fleurs.***

Des branches de pommiers en fleurs dans une cruche de grès.

Signé à droite.

Toile. Haut., 93 cent.; larg., 64 cent.

## COIGNARD

**16 —** *Animaux au bord d'une rivière.*

> Carton. Haut., 26 cent.; larg., 41 cent.

## COROT (Camille)

**17 —** *Paysage. — Soleil couchant.*

A gauche, quelques arbres se détachent sur un ciel vaporeux; à droite, une femme longeant un chemin sinueux.
Charmant spécimen de l'artiste.
Signé à gauche.

> Toile. Haut., 31 cent.; larg., 37 cent.

## COROT (Camille)

**18 —** *Arbres et rochers.*

Etude signée, à gauche.

> Toile. Haut., 41 cent.; larg., 58 cent.

## COURBET (G.)

**19 —** *Cours d'eau et rochers, à Ornans.*

Signé à gauche.
Ce tableau porte sur le châssis une attestation de l'artiste.

> Toile. Haut., 80 cent.; larg., 1 m.

## DAMOYE (E.)

20 — *Le Champ de blé.*

Signé et daté 85.

Bois. Haut., 32 cent.; larg., 60 cent.

## DAMOYE (E.)

21 — *Les bords de l'Oise.*

Signé et daté 85.

Bois. Haut., 32 cent.; larg., 60 cent.

## DAVERDOIN

22 — *L'Assomption de la Vierge.*

Toile. Haut., 34 cent.; larg., 23 cent.

## DEJONGHE (Gustave)

23 — *L'Odalisque.*

Signé à droite.

Bois. Haut., 63 cent.; larg., 50 cent.

## D'ENTRAYGUES

24 — *Intérieur d'écurie.*

Signé et daté 74.

Toile. Haut. 21 cent.; larg., 26 cent.

## DESBOUTIN

25 — *Portrait d'artiste.*

> Toile. Haut., 40 cent.; larg., 31 cent

## DESPRÉS

### (DEUX PENDANTS)

26 — *Le Rendez-vous.*
*La Chasse au cerf.*

> Toiles. Haut., 47 cent.; larg. 63 cent

## FORNARI

27 — *La Leçon de déclamation.*

Signé à droite et daté de Rome 1872.

> Bois. Haut., 27 cent.; larg., 18 cent.

## GUILLEMET (A.)

28 — *Une chaumière.*

Signé à droite.

> Toile. Haut., 37 cent.; larg., 44 cent.

## HERVIER

29 — *Entrée de village.*

Signé à droite.

> Bois. Haut., 12 cent.; larg., 30 cent.

## HERVIER

**30 — *Village, au bord d'une rivière.***

Signé à droite.

Bois. Haut., 8 cent.; larg., 3o cent.

## JEANNIN

**31 — *Pêches et raisins.***

Signé à droite.

Toile. Haut., 25 cent. ; larg., 34 cent.

## JEANNIN

**32 — *Roses de différentes couleurs.***

Esquisse.
Signé à gauche.

Toile. Haut., 37 cent.; larg , 45 cent.

## JOUBERT

**33 — *Paysage.***

Etude signée à gauche.

Bois. Haut., 28 cent..; larg., 22 cent

## KREYDER (A.)

**34 —** *Roses sauvages, près d'un ruisseau.*

Signé à droite.

> Toile. Haut., 38 cent.; larg., 55 **cent.**

## LAUTARD (E.)

**35 —** *Vue de Hollande.*

Effet de crépuscule.

> Bois. Haut., 24 cent.; larg., 32 cent.

## LEDUC (V.)

**36 —** *Les Préparatifs pour le bal.*

Signé à gauche et daté 1870.

> Toile Haut., 45 cent.; larg., 36 **cent.**

## LESSI (Jean)

**37 —** *Le Bal de la Fraternité.*

Signé et daté 84.

> Bois. Haut., 28 cent.; larg., 44 cent.

## MAGNUS (CAMILLE)

**38 — *Intérieur de cour.***

Signé à droite.

> Toile. Haut., 60 cent.; larg., 49 cent.

## MERY

**39 — *Combat de coqs.***

Signé à droite.

> Toile. Haut., 45 cent.; larg., 36 cent.

## MURATON (LOUIS)

**40 — *La Maison de la fermière.***

Signé à droite.

> Toile. Haut., 80 cent.; larg., 65 cent.

## PALMAROLY

**41 — *Jeune femme tenant un éventail***

Signé et daté 1881.

> Bois. Haut., 21 cent.; larg., 15 cent.

## PAPELEU

**42 — *Le Jardin.***

> Bois. Haut., 23 cent ; larg., 15 cent.

## PECRUS

**43** — *La Jeune Coquette.*

Signé à droite.

> Bois. Haut., 21 cent.; larg., 15 cent.


## PENET (L.)

**44** — *Prunes de Reine-Claude.*

Signé dans le haut, à droite.

> Toile. Haut., 36 cent.; larg., 53 cent.


## PETIT (Eugène)

**45** — *Vue sur un parc.*

Esquisse.

> Toile. Haut., 33 cent.; larg., 24 cent.


## PLASSAN

**46** — *Village au bord d'un cours d'eau.*

Vue prise dans le Poitou.

Signé à gauche.

> Bois. Haut., 15 cent.; larg., 23 cent.

## PLASSAN

**47 —** *Jeune femme prenant le thé.*

Signé à droite.

> Bois. Haut., 9 cent.; larg., 7 cent.

## REYNAUD

**48 —** *Eurydice.*

Signé à gauche.

> Bois. Haut., 19 cent.; larg., 9 cent.

## RICHARDS (W.-C.)

**49 —** *Sous bois.*

Au centre, une petite paysanne cueille des fleurs des champs, suivie de son chien.

Signé à droite.

> Toile. Haut., 61 cent.; larg., 5o cent.

## ROUSSEAU (Philippe)

**50 —** *La Poule au pot.*

Sur une table de cuisine, une marmite en terre vernie, un poulet plumé, des légumes, un œuf cassé, un bocal d'olives, un parapluie de toile rouge, etc.

> Toile. Haut., 85 cent.; larg., 1 m. o5 cent.

## ROUSSEAU (attribué à Th.)

**51 — *Vue du Mont-Dore*.**

Etude.

Toile. Haut., 22 cent.; larg., 3o cent.

## ROYBET (F.)

**52 — *Seigneur revenant de la chasse*.**

Des valets prennent un cerf qu'ils avaient chargé sur leurs chevaux.

Esquisse signée.

Haut., 23 cent.; larg., 18 cent.

## SAWRFIELD

**53 — *Un marché, en Bretagne*.**

Signé à droite.

Bois. Haut, 3i cent.; larg., 24 cent.

## STEWART

**54 — *Portrait de jeune femme*.**

Signé et daté 1877.

Toile. Haut., 6o cent. larg., 5o cent.

## TOURNÈS

55 — *Inauguration de l'hôtel de ville de Paris,
le 13 juillet 1882.*

Toile. Haut.. 1 m. 80 cent.; larg., 2 m. 45 cent.


## VERNIER (Emile)

56 — *Plage avec rochers.*

Marée basse, à Saint-Yves. — Soleil levant.
Signé à droite.

Toile. Haut., 40 cent.; larg., 70 cent.


## VILLA (E.)

57 — *L'Ouvrière en modes.*

Signé à gauche.

Toile. Haut. 26 cent.; larg., 21 cent.


## YON (Edmond)

58 — *Saules au bord d'un cours d'eau.*

Signé à droite.

Toile. Haut., 30 cent.; larg., 45 cent. .

## ZIEM

**59 —** *Venise.*

Soleil couchant.
Signé à droite.

> Bois. Haut., 36 cent.; larg., 63 cent.

## ÉCOLE MODERNE

**60 —** *Vue prise dans le parc de Saint-Cloud.*

> Toile. Haut., 40 cent. ; larg., 3o cent.

## ÉCOLE MODERNE (genre de COROT)

**61 —** *Paysage avec rivière et pêcheur dans un bateau.*

> Toile. Haut., 21 cent.; larg., 26 cent.

## ÉCOLE MODERNE

**62 —** *Objets d'atelier.*

Toile de forme ronde.

> Diam. 68 cent.

# AQUARELLES ET DESSINS

## COSTA

**63 —** *Vue de San-Remo (Italie).*

Aquarelle signée.

Haut., 25 cent.; larg., 15 cent.

## COSTA

**64 —** *Vue d'Eza, près Monaco.*

Aquarelle signée.

Haut., 18 cent.; larg., 28 cent.

## LINDER

**65 —** *Jeune fille, en buste.*

Aquarelle signée.

Haut., 20 cent.; larg. 15 cent.

## REGNAULT (HENRI)

**66 —** *Mazeppa.*

Dessin, à la plume, signé.

Haut., 14 cent.; larg. 23 cent.